바람이 만드는 땅

정광일 시집

청옥문학사

바람이 만드는 땅

百空 정광일 제5시집

| 자서自序 |

앞만 보며 걷는 사람에게는 한 쌍의 눈과 귀가 있지만 시를 쓰는 사람들은 축복받은 또 다른 귀와 눈을 가지고 앞, 뒤, 좌우를 볼 수 있으며 사물들의 소리를 들을 수 있다. 좋은 것을 찾아내고 좋은 말을 들을 수 있으니 시를 쓴다는 것은 커다란 행운이다.

언제나 그들은 내게 다가와 말을 건넨다. 외롭다고, 그립다고, 슬프다고, 기쁘다고, 두렵다고, 만나면 하소연 하지만 아직도 부족한 문장력 덕분에 모두 수용하지 못한다. 바쁘다는 이유로, 귀찮다는 이유로, 귀 기울여 듣고, 배우고, 노력하려 들지 않는 오만 때문에 참 소리를 듣고, 얻어내지 못하는 부족한 자의 아픈 언어이며, 그러면서도 세상에 대고 시인이라 말하는 위선자의 슬픈 하소연이다.

서툰 언어들을 발표하자니 한편의 부끄럼을 가눌 길 없다. 그렇다 하더라도 나름 노력한 시어들이니 어쩌다 마음 열린 한 사람의 독자에게 다가가 그 가슴에 남을 수 있다면 날밤을 새워 집필한다고 해도 아까울 게 뭐겠는가. 그 한 사람, 한 사람을 위해 훗날도 내 창작의 열기는 식지를 않을 것이기 때문이다.

서툰 표현이라 읽기가 거북해도 끝까지 애정의 눈길로 읽어주시길 바란다. 그것이 시인이 사는 힘이기 때문이다

| 목 차 |

제2부 이정표 앞에 서다 · 57

제3부 바람이 만드는 땅 · 79

제1부

막연부지漠然不知

막연부지漠然不知*

손도, 발도 없는 몸
기댈 곳 하나 없는 허공에서
바람이라도 불어올라치면
너 대처할 묘안은 어떤 것이더냐

집도, 나무도, 숨을 동굴도 없이
햇빛에 늘 나약한데
네, 사위어질 때를 위해
과연 어떤 대책을 세워 두었는가!

종아리 따끔거려 문득 내려다보니
울퉁불퉁 새겨진 세월의 가르침들
그것들이 동반한 아픔으로
괜스레 촉촉해지는 눈시울

구름아 울지 마라
너 나 서로를 바라보며 위안을 삼자
한세상 억지스러워도 버티며 웃어보자
웃으며 살다보면 참 웃을 일도 찾아오지 않겠니

* 막연부지漠然不知=뚜렷하지 못하여 알지 못하다

하늘아, 하늘아

하늘을 보는 나이가 되었나보다
마안산* 정상에서 하늘을 바라보니
끝없는 비워짐들

마음을 비워야 한다지만
나고 자람이 욕심으로 채워진 세상
비우란다고 비워지는 것도 아니지만
비울 것 없는 초라함이 더 안타깝다

우러러보는 허공은 저리도 속 빛이 푸른데
없다하며 다 비우지 못하는 욕심
세상 탓이라 한다면 저 하늘도 이해할까
마냥 바라보며 부러워함도 욕심 아닌가!

하늘아!
하늘아!
비어있어 좋은 하늘아

* 마안산: 부산 동래 복천, 칠산, 명장동 일대의 경계를 이루고 있는 작은 산

화무십일홍花無十日紅

숙면도 빼앗겨버린 삶
눈바람 속에서 피워 올린 생애의 절정
꽃이라는 이름이여!

뛰어난 화려함으로 선택받은 날
영광스런 품에 안겼으니
카메라 플래시도 그 빛을 가릴 수 없었다

30분의 짧은 시간
거기까지만,
세상은 거기까지만 영화를 허락하였으니

나는 보았다
용도 사라진 그가 쓰레기통에 버려지는 모습을

화무십일홍이라던가!
인생 부귀영화가 이와 같으니
어찌 꽃다발만 애처롭다 할 것인가

낙엽이 지는 거리

낡음의 교체시기
눈에 보이는 것은
비워지는 가지뿐이다

거리엔 온통 낡음을 떨궈 내려는 몸부림이다
낙엽들의 애절한 호소가 통하지 않는
사각거리는 가을바람의 멈추지 않는 가위질
수술실 바닥엔 붉디붉은 아우성만 가득하다

언제부턴지 예사롭지 않은 몸놀림
하나둘씩 뇌파에 전달되는 삐걱거림들
아니라며 설마, 그럴 수 없다고
거부의사를 표하지만
피할 수 없는 것이 숙명宿命이다

숨고르기 할 쉼터 하나 없는 가파른 내리막
이미 정점을 돌아오는 삶이 아닌가

둥근 바윗돌

냇가 둥근 바위를 보니
찬바람으로 얼어붙고,
비바람으로 쪼개져 나가고,
물결에 떠밀려 부셔지고, 깎여지고,
그렇게 자신의 개성마저 깡그리 사라져 버렸더라

허수아비가 어느 하나 뜻대로 할 수 없듯
물은 차가워지는데 잠긴 발을 빼내올 수 없으니
오는 것, 가는 것까지도 세상의 뜻

나를 버리고
세상이 원하는 대로 동글동글 살아가는 모습
그것이 바윗돌 억만년 연륜 때문일 것이다

내 삶도 지기地氣에 순화馴化된 것일까
예리하던 자존심은 세월에 의해 닳고 닳아
존재감마저도 동글동글 타협으로만 남아있네

표지석

어디서 옮겨와서 뭣 때문에 서있는가
수세기에 걸친 참을 인忍의 더하기
운명의 끌림대로 내맡겨진 초라한 몰골
검게 수놓인 이끼들의 의문, 의문

자신의 의도와는 상관없이 수세기를 넘어 왔다는 것
참으로 어이없게도 존재의 이유조차도 모른다는 것
그것은 고통이요, 불행이요, 견딜 수 없는 모욕이었다.

자신을 낳아준 세상이 지어준 이름도 아닌 명패 하나
싫다는 몸짓도 못하고 거부의 목소리도 낼 수 없어
비바람에 무기력으로 겪어왔던 세월 속의 회한들

무너졌다
스스로를 일으켜 세울 수 없어 다수의 힘에 기대보지만
아무런 득도 없는 일
그렇게 지나치는 무관심의 발소리들만……

그것뿐이었다 어쩌면, 당연한 일인 것처럼
굉음 소리에 휩쓸려 뒹구는 건설현장 쓰레기
그렇게 사라져야 하는 것이 세상과의 인연이었다

갯바위

삶에 찌든 초라한 몰골
온갖 수모 겪으면서도 돌머리라서
그래서 나이마저 잃어버린 억만년

쉼 없는 세파世波의 난타에
두려워 검게 그을린 몰골
세월에 의해 지문마저 지워진
꾀죄죄한 천박함일지라도
수많은 생명이 즐겨 찾고 있었다

별 이유야 있겠는가
아름다운 속내를 읽은 때문이리라

바보의 낙인찍힌 서툰 사랑이지만
배신하지 않고, 이용할 줄 모르며
그저 베풀 줄만 아는 아름다운 마음 때문이리라

그림자를 밟고 서서

얼마나 거대한 비움인가
산보다 높이 날며 세상을 밝히는 태양

"허허!~ 우연일거야"

껍데기뿐인 삶을 가득 짊어지고
힘들어하고,
외로워하고, 아파하며
때론 행복이라 억지 논리를 내세우는 위선자

저 거대한 덩어리를 다 비우고도
남아있는 빛마저 아낌없이 나누려는
그로 인한 그림자를 밟고 섰으면서

무겁다며 끙끙 대는
볼수록 초라한 내 그림자

바쁘다 바빠

일상에서의 탈출을 꿈꾸며
이렇게 버둥거려야 사는 것인가?
가쁘게, 숨 가쁘게 달려온 거리를 재본다.

일 년이라는 숫자에 머물러 살든지
한 달이라는 숫자에 머물러 살든지
아님, 일주나 하루까지도 좋은데

언제부턴가 시침의 세계를 깨고
분침의 세계를 깨고
초침의 세계에서 허우적거린다

초침의 분주함을 읽어내는 그것이
행복의 탑을 쌓는 일이라고 결론지으며
째깍째깍 그렇게 쌓아가는 삶의 역사

미로

학연,
지연,
혈연,
톡톡 튀는 성장에 키를 넘는 빌딩 숲

끼리끼리의 패거리문화가 낳은 부작용으로
내 안의 나를 찾지 못하고 헤매는 사이
사회는 어느새 거대한 미로를 만들고
뻥 뚫린 광장을 그리워하면서도
이익에 눈멀어 스스로를 가두며 산다

외롭다고 말하는 이여, 손 한번 내밀어 봤는가?
두렵다고 말하는 이여,
나를 버리고 세상 속으로 걸어가 보았는가?

처음

– 용문사에서 –

저곳에 생生이 있고
저곳에 사死가 있다

보라! 생과 사는 멀리 떨어져있는 것이 아닌
한 곳, 한 자리에 같이 머물고 있어서
삶과 죽음을 구별조차 어렵다

푸름이 빛바래어 검은 빛을 띄우면 죽음이요
어두운 곳에서도 웃음이 솟구치면 그것이 生인 것
산천의 음률이 파장함에
느끼지 못하고 표현할 줄 모른다면
아! 그것이 곧 生과 死의 구분 점 아니겠는가

산을 찾는 자 어찌 성불을 입에 올리지 않으랴
세속에 때 묻어 탁하기만 한 빛
불자가 되지 못해 심오한 성인의 뜻을 깨우치지 못해도
물처럼 씻고 바람처럼 털어내며
반딧불 같이 반짝이는 영감을 얻었으니
지천명의 삶 중에 또 하나의 처음을 만나고 있음이다

오동나무 아래서

옛 임들,
오동나무 한 그루 심어놓고
봉황을 노래했던 그늘 아래서
쉬엄쉬엄 글 한 줄 놓는다

가지 끝에 바람만 서글피 울던 어제인데
어느새 정자 지붕 되어 그늘을 안기니
봉황의 영화가 이 편안한 쉼만 하겠는가

스쳐 지나는 바람에
살아있음을 느끼는 쾌감
이 감정 또한 느낄 수 있음이 복인 것을

그늘이 주는 편안함
이것이 진정 봉황을 보자고 노래했던
옛 임들이 말한 행복이란 참뜻은 아니런가.

숙명

카네이션은 분명 사철나무가 아니었지
그런데도 세상은 억지스런 요구를 했었어

일하라고, 우리도 그렇게 살아왔다고
휴면기간도 낮은 자리에선 사치일 뿐이니
너도 사랑 받으려면 쉼 없이 꽃을 피워야 된다고
잡초가 되지 않으려면 꽃을 피우라고 강요했었지

세상이 잠들어 있는 삼동三冬의 비닐하우스
애써 밝게 웃는 카네이션은 휴면을 잃었지만
나만이 할 수 있는 일이라며 오히려 웃더군

그도 낮은 자의 숙명을 알아버렸나 보더라고

감나무 가지 끝에 머무는 시간들

감나무 가지 끝에 시간이 매달려 있다
시간의 주름으로 이뤄진
올망졸망한 그 형상들도
더러는 익어 시간 속으로 사라지고
더러는 다른 생명을 위해 자신을 희생하기도 한다

그렇게 저렇게 익어가는 시간들
얼마를 버티다 가지를 떠나야 할지 모른다.
아니!
스스로 떠나기보다 버림받을 날 언제일지
누구도 장담할 수 없다

바람이 매섭다
건너편 감나무에 앉은 까치는
벌써 제몫의 감을 다 쪼아 먹고 있다
늙어버린 감은 애써 젊다 말하지만
무서리 속에서 사위어짐을 감당하진 못하리라

봄을 기약할 수 없는 시간들
벌써 세상은 하얀 눈 속에 묻혀있다

음양陰陽의 조화 1

벼랑 끝 초라한 운명
가뭄으로 뒤틀리고
홍수로 뿌리마저 드러낸
소나무 한 그루 위태로운 삶

반듯한 땅위에 부드러운 흙
가물면 물을 주고 거칠면 다듬고
주치의까지 거느리는 정원수의 삶

왜 저렇게 구차하게 사느냐는 정원수나
손발 다 잘리고도 산목숨이냐는 소나무나
살아있다는 것 외에 다를 것 없는데

순간의 행운으로 세상에 우뚝 섰다면
그대여 겸손하라
오르막 뒤엔 반드시 내리막이 있음이니

음양陰陽의 조화 2

겨울 꽃 동백이 떨어졌네
그렇다고 겨울이 끝난 것은 아니었네
매화꽃이 피었네
그렇다고 온 산에 봄이 온 것도 아니었네

남향의 나무는 일찍 봄을 노래하고
북향의 나무는 봄을 기다린다네
남향의 나무는 일찍 꽃이 지고
북향의 나무는 오랜 꽃피움이 있으니
음양의 조화라는 게 그런 것이지

처지 빈곤하다 슬퍼하지 마시게
서로의 자리에서 만족하며 살다보면
남모를 재미로 그대 삶도 즐거우리니

엄지를 세우고

뫼 높아
오르려 하니
숨이 올라와 턱에 머문다

빤히 보이는 정상도 오르기 벅차거늘
보이지 않은 정상이야 어이 힘들지 않으랴
이구동성, 뭣인들 못 하겠냐 하지만
이상의 세계는 쉽게 오름을 허락지 않는다

뼈가 살을 먹고
땀이 피를 마시는 악순환
그러기에 인생사 참으로 고행의 길이라고 말한다

그런다고 포기할 수 없으니
오르는 거다, 억척스레 오르는 거다
삶에서 버릴 수 없는 것이 꿈 아닌가

뿌리 이야기

크게 키우지 못했다고 나를 탓하지 마라
나름, 어둠 속에서
돌 틈 헤집느라 헤진 손

먹거리 찾아 헤매었던
내 수고로움이
밝은 세상에서 성장하는
너보다야 못하겠느냐

크게 성장하지 못했다 해도
그만큼 자란 것을 다행으로 생각하자
작게 먹었으니 작게 자라면 될 것을
큰 나무만 보며 푸념할 일은 아니다

자존심 1

봄별
한가득 품에 안은 하늘은
거만한 몸짓으로 분양받기를 요구한다

"내게는 작고 초라해도
필요한 곳에 나눠주는 빛이 있다"

정중히 거절하는 등대는
수명이 다할 때까지
제자리에 흔들림이 없다

그것,
그 초라한 자존심은
그가 존재하는 목적이고 삶인 때문이다

망각

매일 뭔가를 잃고 있다
뭘 잃어버린 줄도 모르고
허둥대며 찾고 있다

어쩌면,
밟고 서있음을 빤히 알면서
애써 외면하는 것인지도 모르겠다

평생 모은 삶이 너무 참담하기에
예전의 아픔 따위는
애써 지우는 것인지도 모른다

모교 교정에서

세상모르고 뛰놀던 운동장
옛날은 동심인 채로 남아 중년의 나를 반긴다

하늘을 담고 싶어, 하늘빛을 담고 싶어
하늘로 향하던 나무는
초록빛에서 더 변화하지 못하고
세월의 변화에 허리만 꺾여있고

비 오면 질퍽이던 황톳길 길은
시멘트 옷을 입어서 작은 발자국들을 지웠다
그 땅의 주인이던 나무마저
반 평도 못 된 땅을 분양받고 초라한 삶을 살고 있다

꿈을 좇아 뛰놀던 운동장에
흙이 아닌 인조 잔디가 자리를 하고
모두가 흐름 앞에 사라지고 변했다
우리 얼굴에 짓게 드리워진 주름처럼

멀어지는 사이

가끔씩 시야를 가리는 연무현상으로
안과병원 방문이 잦아지더니
결국은 수술대 위에 누워 수정체를 바꿨다
백내장이라나?
오래 써서 고장이 났단다.

하지만 속 모르는 글자들은
오랜 지기를 버렸다고
멀찌감치 떨어져서 경계의 눈빛을 보낸다

'오해야 나는 너희를 사랑해!' 애원해 보지만
한 번 떨어진 신용은 회복되지 않는다
이제는 망원경으로만 볼 수 있는 친구

허허!~
세월은 오랜 친구도 빼앗아간다

발자국

하루 또 하루, 걸어온 시간들
엉겨 붙는 피로를 떨구려 쉴 곳을 찾다가
돌아갈 곳 바라보니
지나온 자국 흔적조차도 없다

깜깜하게 어둡던 날
그리워서,
그리워서 되짚어보는
젊은 날의 야심찬 자리

애환의 자국들 지워져버린
막막하게 엉켜있는 미로
그 길의 흔적 지워진 이유라면
극한의 삶이 남겨둔 눈물 때문이리라

험로의 지도쯤은 남겼어야 하는데
되돌아 갈 일은 없다며
애써 지워버린 눈물자국들
돌아 가고픈데, 돌아 가고픈데

어떤 삶이 떠나는 길에서

떠나는 자 보내는 자
서로가 잡으려는 끈
슬프게 보내는 이 누구이고
가볍게 떠나는 이 과연 누구인가

가기 싫다 앙탈 부리고
가엾다고 선처를 빌어도
윤회의 길은 막을 수 없음이라

텅 비워진 껍데기 누구 것이더냐
재가 되고, 흙이 되고
그것이 눈에 비치는 마지막 모습인데

아! 풍경風磬의 여운이 가셨느냐
그리도 쉬운 떠남이 인생인 것을

삶의 지도

현실 도피를 위해 떠나려는
시외버스터미널
길을 잃은 개미와 우연히 만났다

거대한 인간의 발길이 생명을 위협하는 곳에서
그려놓은 지도마저 지워져버린 막막한 현실
나침반도 없는 절망적 탈출시도가 눈물겹다

많은 차들이 떠날 승객을 기다리는 승차장
위태롭게 보이는 저 개미의 모습이
누군가에게 비춰지는 내 모습이리라

삶이 힘겹다며 당장 저 차를 타고 떠나도
벗어날 수 없는 것이 현실이지 않은가
그래, 도피하기 보다는 부딪쳐 보는 거다
까짓, 저 개미보다는 내 처지가 더 낫잖은가

마지막 빛이 가려지던 날

한 생의 종점을 보았네.
생계와 싸우고 병마와 싸우고
힘겨운 전쟁 후라 그러한가
아무도 깰 수 없는 저 평화

죄였구나! 이 세상 왔던 것이
죄였구나! 지금껏 살아왔다는 그것이

여덟 매듭지었다고 갑갑타 어이 말하리
선계를 뛰쳐나와 만사를 즐겼으니
포박당하여 끌려간대도 마음 편한 저승길

운다고 돌려질 길이더냐
달래고, 유혹한다고 되돌려질 길이더냐
어차피 나눠져야 할 길이기에
평화로이 가는 인연 웃으며 보내려하네.

- 큰 외삼촌 입관을 마치고 -

등산

손 내밀면 금방이라도 쏟아질 듯
하늘바다 닿아있는 정상
오르고 싶은 마음, 그건 함정이었디

들숨 날숨의 사투로
힘들다 투정부리는 발소리
한숨 돌려보니 되돌아 보이는 길
이것이 인생을 닮아있었구나

혼자라서 외로울 거라 여겼던 산봉우리
새삼 바라보니 혼자가 아닌 여럿인 것처럼
낱낱의 초라한 존재라도
큰 우리를 이루는 맥의 하나인 것

그곳에 비춰 보이는 내 모습
초라한 혼자가 아니라
당당한 도시의 구성원이었으니
그래, 내려다보는 이 맛!

용서

빗소리를 듣는 날이었지
어제의 비와 오늘의 비가 다를 것 없지만
그 날만은 평상시와 너무도 다르더군

여유로운 마음이 어제를 용서하면서
살아가지만 그것으로
당한 자의 가슴에 멍울은 없어지지 않더라고

용서라는 미덕으로 육신은 오늘 웃지만
어제의 기억 속에서 울며
그 날의 악몽에서 벗어나지 않는다는 것을 알았지

누릴 것 다 누리고, 할 것은 다 하고 살아도
상대의 가슴에 못을 박는
못난 삶의 주인공은 되지 말아야겠더라고

최소한 사람이라면 말이지

도덕

남을 무시하지 마라
높은 학문을 갖추고 뛰어난 재주를 지녔어도
베풀지 못하면 세상은 그를 인정하지 않는다

60억 인구
거기에 비한다면 보이지도 않는 존재
스스로의 잘남은 허상일 뿐이다

타인에겐 하찮은 존재로 비치는 '나'라도
스스로를 낮추고 너를 높일 때
비로소 그도 나를 받드는 것이다

아무리 뛰어나도 머리 위엔 하늘이 있다
그 하늘이 곧 나를 키우는 이웃이다
이웃을 무시하지 마라
그들에 의해 내가 사라질 수 있다

세월 흘러보니

요즘의 젊음들이 눈엣가시다
아무 데나 침 뱉고, 담배 피워대고
아무 데서나 껴안고 쫄쫄 빨아댄다
팬티가 보이는 옷을 입고 성희롱을 입에 단다

새삼스럽지 않은 자신의 발자취인데도
고지식한 잣대로 받아들이기 힘드니
젊은 날 그렇게 듣기 싫던
별수 없는 잔소리만 나이 들어간다

가을바람에 쓸려 사라진 자신감
방황하는 지천명의 낙조落照도 한몫 거드는
나이 들기를 거부하는 중년에게
방울방울 쏟아온 젊음이란 어느 날의 허무였다

자유라는 것

생계를 위한 삶을 지고 일탈을 꿈꿀 수 있지만
그 삶으로 구속당하는 일상이 없다면
자유라는 꿈도 꿀 수가 없다는 바람의 말을 새기며
창가에 봄볕 아래서 탈출하는 것들을 만난다

육신을 내려놓고 영혼만의 비상을 해보았다
육신을 버리는 일
그것이 자유라고 믿었기 때문이다

한순간 햇빛이 사라졌다
자유롭다 여기며 떠돌던 내 영혼도
육신이 없으면 쉴 곳이 없나보다
몸뚱이의 요구대로 따뜻한 곳을 찾아가고 있었다

한없이 자유로울 거라 믿었던 바람이 사라졌다
자유롭던 그도 대지의 숨구멍을 떠나지는 못했다
자유라는 것은 그런 것이다
구속이 없다면 자유가 필요치 않은 것

구속과 종속의 관계
자유를 가둬놓을 틀이 있음이 얼마나 고마운가
행복도 그것이 있으므로 느끼는 여유로움 아닌가

타협

밤이 깊어간다
보일러는 주머니 사정도 봐주지 않는다
저 혼자서 신이 났다.

아직도 꺼지지 않은 컴퓨터,
팔이 신경질을 부린다
엉덩이뼈가 짓눌려 아프다고 한다
눈꺼풀은 눈물이 말랐다고 빽빽 때려댄다
모두가 제 각각이다

두뇌는 아직 잠들 시간이 아니라고
팔을 달래고,
엉덩이를 달래고,
눈을 달랜다

하지만 순리에 따르자면 지금은 자야할 때다
한 부분의 독재로 인해 전체가 무너질 수도 있는데
쓰지도 못할 원고욕심에 독재가 과했다

몸을 누였더니 이리도 편안하다
태평이 별거더냐 비우고 뜻 맞춰 살면
그것이 태평이지

우리가 추구하는 것

뫼의 정상에 섰다
발아래 아득한 세상

숨 쉴 틈도 없는 콘크리트 숲 속
바퀴벌레 같은 삶들
거친 호흡으로 탈출구를 찾는다

구름은 바다에서 눈을 씻고, 가슴을 씻고
산에 올라 묵은 속 찌꺼기를 비운다.

비우고 얻어가는 것은 없어도
홀가분한 가슴
그는 비움을 배웠고 또 비울 줄 안다

산에 가면 알 수 있다
강과 바다에 가면 알 수 있다

바다를 찾고 산을 찾는 이유
그들이 비우려하고 비워야하는 이유를

낙엽이 가는 길

찬바람이 장애물경주하는 길을 걷다보면
우연히 마주치는 그림자들
꾀죄죄하고, 찢어지고, 꼬깃꼬깃 볼품이 없다

토실토실한 삶 속에서
흐뭇한 그림자들은 만나지지 않고
초라한 그림자만 만나는 걸까

힘에 의해 강제 비움을 당하고
터전을 버리고 떠난 낙엽의 자리
버려진 헛헛함이 하늘을 베려 날을 세우는 까닭이다

봄이 오기까진 까마득한데
그 많은 날 구석진 자리
눈물 마른 곡성을 어찌 들어야 하는가

보는 것, 느끼는 것

몸값 좋아진 나무
작은 공원을 꾸미는데 선택받은
거기까지가 행복이나

낮과 밤이 다른 세계
가지는 다 잘려 나가고 잠들 수 없다

날짐승들의 방문도, 풀벌레의 노래도 끊어진
드러내놓은 허세
분수에 맞지 않는 영화는 순간의 거품

그것이 내 모습 같아서 예사롭지가 않더라
어떻게든 적응해 가겠지만 순탄치만은 않더라

비상飛翔

마음이 답답하여 찾아간 바다
잔잔히, 때론 격한 몸부림으로
삶의 단면을 내보이는 바다
발아래 펼쳐진 삶의 자화상

파도가 되자, 파도가 되어보자
바다에 마음을 눕혔더니
어느새 격랑 치는 물결의 일부가 되어
흔들리는 육신이 벼랑을 들이박는다.

파도가 되어보니 마침내 알 것 같다
바다가 자신을 흔드는 것은
털어서 가벼워지려는 속내
삶이란 무거운 짐 덜기 위한 몸부림

부귀도, 영화도, 바다에 다 던져버리고
가볍게 훨훨 나니는 갈매기처럼
바다도 갈매기를 닮고 싶음이리라

황금의 대가代價

벽을 깨지 않으면 찾을 수 없는 것들
애써 찾아내려는 인간의 탐욕을 피해
신神은 더 깊숙이 숨겨 두었었다

아름다운 웃음을 보내고
거부할 수 없는 눈물을 흘리고
신비로운 몸짓으로 인간을 눈멀게 하고
그렇게 손을 내미는 까닭에

인간은 모태인 땅을 뒤집고
그것을 찾아 혈안이 되었다
마침내 그 빛들을 취했으니

황홀경에 허우적이며
형제를 죽이고 이웃을 죽이고
이성을 유혹하여 사랑을 죽였다

땅속 깊이 잠들었어야 할 악마의 숨결이
인간의 욕심으로 세상에 왔으니
혼돈의 세상
탐욕의 대가는 혹독하기만 하다

해산토굴 앞에서

토굴을 나와 어두운 시야를 밝히면
득량만*엔 해가 빠져있다
그때가 이른 아침이리라
선생은 해를 건져 하늘에 널어놓고
반짝이며 몰려오는
바다의 정령들과 대화를 나누리라
그것이 모여 시가 되고,
소설이 되고,
그것이 선생의 삶이었으리라
밤이 되고 득량만에는 또 달이 빠져있고
선생은 그 달을 긷고 사색에 잠겼으리라
이번엔 바람이 오르는 언덕에 널어놓고
물에 빠진 달님의 사연을 글로 직어낼 때
별들은 속삭이리라
득량만에는 해산토굴*이 있고
달 긷는 집*에는 해산 선생의 이야기가 숨 쉬고 있다고

* 득량만 = 보성, 장흥, 고흥 일대를 굽이져 흐르는 바다
* 해산토굴 = 소설가 한승원 선생의 가호家號이다
* 달 긷는 집 = 한승원 선생의 소설 제목

가을이 슬픈 이유

오늘 흐느끼는 단풍을 보았네

왜? 슬픈가 물었더니
가지를 키우고 열매를 키우고
종래엔 병만 수북한
홀로의 여행 탓이라네

가을꽃을 보았네
쓸쓸한 모습이라 왜냐고 물었더니

봄부터 임 기다림에 빼 올린 목
정다운 반김에 웃기는 하지만
봄꽃처럼 탐스런 열매 맺지 못하는 설움에
다가올 겨울이 끔찍이도 싫으니
어찌 꽃피움을 좋아라하겠나, 하더군

百空은 왜 시를 쓰는가

달빛 정기로 네 태어났으니
어두운 세상의 빛이 되라 하셨네.

그 빛이 되려면 많은 에너지를 모아야 하는데
나는 에너지를 얻지 못했네.

자신의 목구멍도 책임지지 못하는데
당신께서는 왜 빛이 되라 하셨을까

혹독한 세상에서의 신고식에 지쳐
검게 남겨진 숯덩이에 찰나의 빛만 남았는데

미약한 에너지의 잔고로 등대가 될 수도 없으련만
혼신의 힘으로 밤을 밝히려는 것은

빛이 되라는
당신의 부탁이 이유라 해두자

시를 쓰는 마음

길의 어느 지점인가 세상이 외면하는 그때
세파에 떠밀리며 초라하게 연명하던 삶도
생의 밑바닥에 누워 홀가분하게 쉼을 맞겠지

정해진 삶의 항로라고 인정은 하지만
그냥 잊힌다는 건, 너무 억울한 거야
그래서 흔적은 남기기로 했지
그게 시를 쓰는 것이었어!

세인들은 입방아에 내 이름 올려놓고
찧고, 까불겠지 이것도 글이냐고
저 따위가 무슨 시인이냐고

그렇지만 말이야 삶이란 힘들잖아
고단한 일상으로 세파에 떠밀리는 참으로 고독한
그 누군가의 가슴에 느낌표 하나 남긴다면

내 이름 난도질당해도 좋아
그 누군가의 가슴엔 시인으로 남을 테니까
그 누군가의 가슴에 쉴 나무그늘 하나 심어질 테니까

정암사 자장 율사 주장자 앞에서

천삼백 년 전 꽂아둔 신표하나
세월이 세월을 먹고 성장하고 있다
대를 이은 뿌리내림의 현장 정암사
세속의 온갖 번뇌를 지우려 찾았더니
안개 이불을 걷어내고 정좌한 산이
번뇌는 지우는 게 아니란다.
살아있다는 이유로 짊어지고 가야할 숙명
버리려하면 할수록 더 강한 성장 본능
살아있음 자체가 번뇌이니
지우고 나서 겪어야 할 그 두려움 어찌 감당하려는가?
산사를 찾는 이여! 강한 삶의 집착으로
꿈을 이루기 위해 찾아들었으니
그대여 그냥 소원만 빌고 가란다
이루어질 것인가 의심도 하지 말고
그저 이뤄지려니 믿음을 가지란다
두려움을 소원의 기도 위에 내려놓고
편히 내려가라 한다
그것이 대를 이은 뿌리내림의 비결이라 한다
주장자가 그 자리를 지키며
일천삼백 년을 버텨온 큰 힘이라고 말한다

가을은 슬퍼서 아름답다

떨어져 나간다는 것
베어내는 아픔 같은 것
그러기에 가을을 슬프다 하는가 보다

옷깃 세운 외투 주머니에 깊숙이 질러 넣은 손에서
한 장, 두 장 재생되는 삶의 그림자들
불투명 미래를 안으려 정든 것들과 작별을 하며
안고 가지 못하는 안타까움에 어깨 늘어뜨린다

잊고 온 것에 대한 사무침으로 자꾸만 슬퍼하고
지는 것들에 자신을 뉘어 바라봐야 하는,
그래서 가을은 슬프고, 슬픈 것들로 넘치는 세상

그렇게 잊히는 것들을 돌아보기에
인연의 끈 놓지 않음은 차라리 아름답다
아니, 가을의 슬픈 역사는 차라리 황홀하다

무영당無影堂*

아침을 달렸네
포항을 거쳐 영덕강구에 닿아
말을 바꿔 타고 다다른 곳 하저문화마을
반듯한 외모를 자랑하는 펜션 옆
아담한 둥지 하나 있었으니 무영당이었네
선생의 솜씨인 듯
아기자기한 삶의 이야기가 작은 塔을 이루고
색 바랜 가을 국화를 감싸 안고 있었네
고희古稀의 노년을 가꾸시는 선생의 쉼터
여장을 풀고 우리는 고목의 문향에 취해보았네
무수히 많은 세월의 파고를 넘었던 때문일까
그가 깨우친 철학에는 비움이 자리하고 있었네
늘길에 홀로 핀 꽃잎에 감사하고
나무에게도 바위에게도 존재함 자체를 감사하는 마음
먹는 즐거움을 안겨주는 남새밭에 작은 생명들까지도
그들이 먹는 것보다 우리 먹을 게 많다는
그래서 약을 치지 않는다는 비워진 마음이
무영당無影堂이라는 당호를 지으신 것은 아닌지
형체가 있음에도 투명하여 그림자가 없다는 집
담장이 없어서 일출을 보려고 길 나서지 않아도
앞마당 가득히 떠오르는 태양을 품을 수 있다는 집
발길이 나를 끌고 거리로 나서게 했었네

냇가를 따라 바다에 닿았는데
갈매기가 환영 인사를 하더군
파도가 반기는 소리도 들었지
터벅거리는 발소리에 놀랐음인가
후드득후드득 돋움발 소리
돌아보니 시야 가득 비상하는 겨울새의 군무
그것이었네
선생께서 말씀하셨던 겨울새 떼의 실체는
무영당, 뒷산을 덮쳐오는 바람의 위용에 눌려
허둥지둥 길 떠나는 낙엽의 모습이었네
비우려 함인 듯
바람은 괴성을 내지르며 거리를 쓸고 있었네
무영당, 그곳엔 온통 비우려는 것뿐이었었네
선생의 정신을 다 못 받은 탓일까
돌아오는 내 머리와 배는 비우지 못하고
꽉 채워져 있었네
무영의 마음, 선생께 만수무강을 빌었네.

[무영당 임명수 선생님 고희에 부쳐]
* 무영당無影堂은 임명수 선생의 가호家號이다

염려

방문이 닫히지 않은 방은
목덜미를 어루만지는 냉기와 정을 나눠야 한다

꼭꼭 닫아야 할
방문을 열어둔 데는 그만한 이유가 있다
곤히 잠든 어머니의 숨소리를 확인하기 위함이다

자식이 장성하면
부모와 자식이라도 한 잠자리에 들 수가 없기에
노구를 끌고 잠든 어머니의 안전한 수면을 지키기 위함이다

초병은 그렇게 잠이 들지만
어머니는 가끔 일어나셔서 자식을 걱정하며
자식 방문 앞을 서성이다 가신다

제2부

이정표 앞에 서다

자존심

– 여자라서 –

내가 아는 그녀는
공부도 1등, 미모도 1등에 선생까지 되었다
사는 것도 남부럽지 않은 1등 삶을 살았다

여자팔자 '뒤웅박' 이라던가
별난 머슴애에게 호기심을 갖더니
총기가 흐려져 코가 꿰이고
족쇄 같은 세월에 눌려 많이도 늙었다

태연하고 단아한 드러난 모습
만족한 삶의 아름다움이 아니라
자존심으로 지켜온 품위 위로
역력히 드러나는 수고로움

어쩌다 시내버스 안에서 잠이 들어도
품위를 잃지 않으려는 몸짓
여자라서, 미를 중시하는 여자라서
그렇게라도 아름다울 수밖에 없는 이유

잘난 놈

예초기 소리 요란한 공원
키 큰 잡초들이 맥없이 쓰러지지만
그 사이에 단 하나 잘려나가지 않고
소중히 다뤄지는 장미라는 녀석

그 녀석은 야비하게 웃고 있었지요
내가 누군지 얼굴 똑바로 보라며
되레 협박하는 저 녀석
잘나도 보통 잘난 놈은 아닙니다

모두가 다 잘려나가도 활짝 웃고 서있으니
어쨌든 잘나고 볼 일입니다

북장대* 쉼터에서
그 잘난 놈은 목에 핏대를 세웁니다
비겁하다는 것은 후일 문제랍니다
우선은 살아있어야 했다니까요

* 북장대: 부산 동래구에 위치한 마안산 동래읍성의 망루

무늬만 명화名花더라

문장이 좋다고,
그 명성 문단에 화제더라

향기 좋다 하지만
부잣집 화단에 호의호식 자란 밖에는
허명만 무성한 꽃

무수한 뒷말들을 콩고물에 무치며
억지스레 엄지 치켜세우는 들꽃들의 아부
내용은 명성에 묻어가려는 속셈

어제 먹었던 홍어가 이에 비할 것인가
돈 냄새와 묵향도 구분 못하고
그를 평하길 묵향이 좋다하네

이정표 앞에 서다

안개 자욱한 숲길에서
떡갈잎과 소곤대는 봄비를 만나보았는가
어쩌다 세상과의 인연을 맺고
그들의 다독임으로 세기를 이어온
쭈그렁 고목의 옛 이야기를 들어보았는가?

토끼가, 고라니가, 멧돼지가
삶의 뿌리까지 위협했던 숱한 세월
한고비 넘기나 싶으니
태풍과, 비바람과, 벼락까지도
모가지를 움켜쥐고 흔들어 대더란다

묵묵히 버텨온 노후의 비결
태풍이 꺾으려 들면 한 가지 내어주고
곤충이 집을 요구하면 속살마저 내어주며
세상의 순리대로 모나지 않게
나를 비워버린 때문이란다

오랜 세월
받기도 하고 나누기도 하면서
가꾸고 다듬어 온 것이 숲을 이루고
그렇게 웃음과 노랫소리로 이어온 삶인데

언제부터인지 생겨난 돌연변이 생물이
자기들만의 법을 만들고 종이와 땔감이 부족하다고,
도로와 주거, 녹색 공간을 꾸민다고
숲을 보호하기 위해 임도를 개설해야 한다고
되지도 않은 명목으로
찢고, 파내고, 태우고, 뚫기를 서슴지 않으니
저들보다 무서운 존재는 없더란다

벌레는 잠시의 삶을 즐기다 가고
비바람과 벼락은 순간의 고통만을 안기지만
잠시의 이권에 눈먼 저들은
수백 년을 통째로 뽑고 잘라버리니
고목이 존중받지 못하는 세상이 어찌 두렵지 않겠느냐고
모두가 어우러져 즐거워야 될 숲이 울음바다 됐더란다.

인간이라서

내가 언제나 잘났다 했지만
네가 더 잘났다는 것은 내가 더 잘 안다

네가 늘 위대한 삶을 살고 있지만
너는 내 틀 안에 가둬지길 원했다
너보다 못난 걸 알지만
나는 더 잘났다고 생각하며 산다

네가 빛을 내면 경계를 하게 된다
'어쩌다가'라고 폄하하고 무시하려 든다
그런 자만심으로 살지만 늘 불안하다

왜?
네가 나보다 돋보이니까
하지만 더 중요한 이유는
그래야만 내가
더불어 살아갈 수 있기 때문이다

농어촌의 가을

속이 썩어 나가도 한마디 말도 못 했을
민초들의 애환이 담긴 때문일 거야
홍어라는 놈이 냄새가 고약한 것은
함께 썩어보려 먹거리로 거듭난 때문이지

답답한 사연들이 즐겨 찾아 마시는
막걸리 한 사발로 재촉하는 걸음이
아무리 여유롭게 걸으려 해도
가을은 싸한 바람만 안기는 것

간만의 풍작에도 속 터지는 농심
공산품 팔자고 농어촌은 황폐화되고
한숨 속에서 늙어가는 농어촌
바람 소리만으로도 슬픔이 몰려오니

가을이라 핑계를 댈 밖에

행운

그가 내게 오지 않았음은
내가 찾으려하지 않은 때문이다

오지 않는다고 체념하지 마라
간절히 노력하면 찾을 것이고
노력만큼 그는 찬란하게 올 것이다

노력 없는 성공은 있을 수 없으며
소망만으로도 찾을 수 없다
그는 손도, 발도, 귀도 없고, 말도 할 수 없다
당신 곁에 가고파 눈만 반짝일 뿐
흘린 땀만큼만 그대 곁에 올 것이다

풀숲에 묻혀있어도 잡초가 아니고
흙 속에 묻혀있어도 빛이 나는
그들은 모두 땀을 사랑하는 결정체
당신의 체취가 그리워도
찾아 줄 때까지 꼭꼭 숨어 산다

장인匠人과 명품名品

오로지 하나 되고자했다
땀과, 눈물과 좌절을 맛보며
서로의 개싱을 버무렸다
그렇게 좁혀지는 거리

네가 내가 되고
내가 네가 되는 정신합일
그것은 만만찮은 시간과의 싸움이다

숱한 세월이 흐른 후에야
그 아름다움과 향은 어둠을 뚫고
지역을 밝히고, 나라를 밝히고
전 인류가 탐내는 빛이 되었으니

그 빛은 곧, 땀이고 노력이다
명품이라는 이름 앞에 거저라는 말은 없다
우연이라는 말은 더더욱 없다

도시의 끽연喫煙

도시가 담배를 피우고 있다
무슨 말 못 할 사연 때문일까
무엇 때문에 화가 나는 걸까
까닭을 알지 못할 아리송한 속내
뻑뻑 뿜어대는 담배연기로 대신하고 있다

거대도시의 끽연에 시민들은 목이 메고
도시라는 특성에 특혜를 주었기에
금연이라는 단속 근거도 없다
굴뚝이라고 생긴 것들은 쉼 없이 연기를 뿜는다
마음 놓고 뿜어대는 도심의 담배연기

숨이 막혀 켁켁 거리면서도
내 일이 아니라고 외면하는 시민정신
나만 아니면 된다고 마스크로 입만 가린다
언제까지 그렇게 살 것인가
숨은 막히는데 대책은 없다

도전이라는 이름 앞에서

한려수도,
천만년을 조각해온 파도의 꿈들이
미완의 작품인 채로 널려있다

아직도 작품을 완성하지 못한
파도의 절규가 벼랑을 들이박고
달려와 뱃전을 부여잡고 하소연한다.

그렇게 달래 온 세월,
멍울 가득한 파란 가슴

바다는 천만년 도전을 멈추지 않는데
그깟 몇 년 사라진 이력으로 좌절할 일인가
멍울진 가슴으로도 바위를 쪼는 파도처럼
일어서자, 일어서자

나를 잃는다는 것

밤을 잃고 건강을 잃었다
나를 버리고 얻어낸 꽃피움들
겉보기에 화려했으니

개나리 꽃눈 하나
사람 곁에서 세상 사는 법을 배웠다
목표를 위해선 돌아보는 건강도 사치라는 걸

섣달 스무닷새, 아직도 한겨울
눈부시게 노~란 꽃을 피웠지만
실속 없는 꽃피움 아니던가.

쓸쓸히 홀로 지는 꽃
사람들의 왜곡된 모습만 보았지
허욕에 눈멀어 병든 자신은 못 보았구나

이중인격

누구를 위한 희생인가
자신은 세상을 구하겠다고 나서지만
세상은 그에게 손가락질하고 있네

협력해서 얻은 이익을 나눠야하지만
서로 자신의 이권 챙기기에 급급하니
믿었던 동료의 변심이라고 울부짖는 사람들
과연 누가, 누구를 배신한 것인가

그가 누구인지도 모르면서
그는 나를 알아주길 바라네
너의 아픔을 안다고 하면서
네가 왜 아픈지는 알려고 하지 않네

그런 것이 사회인데, 그것이 현실인데
그런 줄 알면서도 믿어야 했고
그럴 줄 알면서도 기대야 했다
혼자일 수 없는 외로운 존재이기에

피서避暑

심심-산골
메마른 공기만 마시고 물만 먹던
옛날의 고목은 아니었다.

호랑이와 맞담배질 하던 나무라서
사람 구경도 못 할 때는 영양실조로
누리끼리 했다더니

호랑이 쫓아내고 몰려드는 인파
자신들의 기름덩이를 씻어서 나눠주고
싸들고 온 기름 연기 퍼 먹인
검게 그을린 이파리들
고지혈증에 걸렸는지 하염없이 늘어진다.

그래도 사람들의 인심은 나누는데 익숙하다
고기 굽는 연기가 계곡에 가득하다
한낮 뙤약볕 아래 산안개로 착각하겠다.

선생을 보내며

가셨네.
영원한 횃불일 것 같던 그분도 떠나셨네
긴 기다림 끝 횃불 하나
그리고 짧은 만남
서글픈 기다란 이별의 길
유난떠는 매미 소리 산천의 슬픔인가
고물차 스피커가 목 놓아 울었네
남도 땅 한 귀퉁이
꿈꾸던 작은 아이의 우상이 되어
언제부터인가 투표지에 동그라미가
민주주의를 가리키던 시절부터
임의 아픔이 내 아픔 되어 분노 했었네
기대하던 자체 하나로도 하나이던 시절
꿈으로 일관하던 내 손으로 일궈내었던 쾌거들
수평적 정권교체라 했었네
그렇게 우리가 해내보자던 기억은
아직도 봄날의 새싹인데
그 오랜 바람이 허무의 날개를 달았네
꿈엔 듯 사라지는 신기루가 되었네

* 2009년 8월 20일 오후 1시 40분 김대중 전 대통령 서거

치유할 수 없는 저 아픔

모든 생태계가 사랑 하나로 자손을 얻어낸다
그 자손들은 입으로 통하는 배에 만족하지 않고
보는 것에서 가지는 탐욕의 배를 만들었다
그것이 죄가 되어 서로 먹고 먹히는 관계가 되었다

탐욕의 배를 채우는 먹거리는 한계가 있다
하늘과 땅과 바다가 파헤쳐진다.

하늘과 바다와 땅이
신음하고, 몸살 앓고, 피를 흘린다
스스로 치유할 수 없는 너무나 깊고 큰 상처

땅과 바다와 하늘이 죽는다.
모체가 죽고 없는 곳에 생명체는 온전할까
재앙 속에서 허우적이며 하늘만 원망할 줄 안다
아! 인간아, 인간아

과거와 현재

밥 굶기 좋아하던 옛날 그분들
사색의 밥그릇을 쥐고 있었기 때문에
명인 명시의 반열에 올랐다

문학도 물질문명 탓인가
시어가 담길 그릇이
욕망의 그릇으로 변질되고
그 그릇이 금전으로 채워진다

기십에서 기백, 넘쳐나는 물량공세
명분 좋게도 문학발전을 위해서란다
명예욕에 눈먼 인심 핑계도 좋다

그는 명인 명작의 반열에 오른다

산소가 되기까지

한 번 들이마시고 뱉어내면 그만인 산소
그로 인해서 유지되는 생태계
너무 흔하기에 존재자체도 모른다.
신경 쓸 필요도 없었다.

꼭 필요하지만 그 가치를 모르고 지내는 우둔함이
산을 깎고, 강을 파고, 나무를 베고, 개펄을 없앤다
물론 생태계는 복구를 위해 스스로 몸부림치겠지만
무엇이 경제인지, 경제논리 앞에 사라지는 생태계

물방울 하나로 시작해서 생태계가 살고
그들이 분해되어 산소가 되기까지의
복잡한 순환과정을
머리 싸매며 생각할 필요는 없다
우선의 편리함과 경제 논리에 이끌려
필요한 정제수단을 해체만 한다면
그것이 불러다 줄 부작용은 어떻게 할 것인가
어느 날 갑자기 숨 막혀 머리가 아파오면
두통약 하나로 해결될 일인가

물론 앞서가는 생각이라 하겠지

흔들어대는 세상

흔들린다.
가로등이, 가로수가, 산이, 하늘이, 바다가
케케묵은 옛날이 뱃속에서 흔들리고
퍼마신 술과 함께 뇌수도 흔들린다

사촌이라던 이웃이 흔들어댄다
천년지기를 외치던 우정과 믿음이 흔들어댄다
펜을 잡은 손을 잡념이 흔들어댄다
그 깨끗하던 글이 흔들려 서툰 춤을 춘다
개같이 춤을 춘다

왜 흔들려야 하는가?
왜 흔들어야 하는가?
너도 외롭고 나도 외로운 세상
손잡고 버텨보자고 생겨난 글자가 사람 인人

흔들지 마라, 흔들지 마라
흔들려야 하는 너와 나이듯
볼품없이 쓰러져야 하는 것도
결국 너와 나인 것을

책

방글방글
고운 눈웃음

무엇이 앎인지도 모르는
어리석은 시야를 밝히고 있으니

한치 앞 구분 못할 길에서
너를 만나지 못했다면 어땠을까

환한 지혜의 나눔
사랑의 길라잡이 빛이라는 이름

제3부
바람이 만드는 땅

고요함으로 빛나라

해가 있어도 구름에 가려 어두우면 그 가치가 없으며
물은 증발하여 구름이 되지만 물이라 말하지 않습니다.
바람이 존재하나 움직이지 않으면 바람일 수 없듯
드러나지 않는다면 모두가 잊힌 존재가 되고 맙니다.

우리는 중후重厚한 고요를 좋아합니다.
고요하려 하지만 세상은 가만두지 않아서
우리는 고뇌함으로 첫새벽을 열었고
흔들림에서 고요를 지킬 수 있는 玉器를 얻었음이니
팔도문향은 팔도인의 정수挺秀를 담을 그릇입니다

그릇은 비워두라고 있는 게 아닙니다.
물건을 담아야 제 가치를 다하는 것이고
채워져 있어야 고요를 지킬 수 있습니다
비어있으면 작은 흔들림에도 넘어져 깨어지고
작은 부딪힘에도 요란한 소리가 납니다.

옥그릇엔 보석이 들어가야 더 빛나듯
팔도문향에도 문우들의 참 마음이 담겨있어야 합니다.
갈고 닦은 마음을 세상에 내놓아야 고요는 빛납니다.
고요함으로 빛나는 중후重厚한 아름다움
그것은 팔도문학 문우님의 분발하는 모습일 것입니다

* 팔도문향 2집 축시

바람이 만드는 땅

인간이 점령한 콘크리트 숲,
빗자루질 한 번이면 사라져버릴
한 뼘 땅을 갖기 위해
바람은 겨우내 그 숨길이 가쁘다

바람이 만드는 땅

사라지면 그만인 그가
쥐고 갈 것도 아닌 땅을 가지려는 것은
때를 기다리던 꽃씨에 뿌리를 내려주기 위한
옮겨온 자의 책임감일 것이다

하늘이 엮어준 아들,
선대의 핏줄로 엮여진 딸아!

콘크리트 숲
어설픈 바람의 땅에도 봄은 오고
뿌리 내린 화초는 꽃을 피울 것이다
저 바람의 땅과 거기 피어난 꽃처럼
너희가 만드는 땅 위에도 새싹은 피어나리라

無가 有로 거듭나기란 매순간 고통과의 싸움이다
오래 참고 이해하며, 서로를 배워 나갈 때
고통은 사라지고 웃음이 찾아 올 것이다
그때, 비로소 사랑과 믿음의 땅을 가질 수 있단다

새 봄,
빛을 향한 너희의 첫 행진이 이렇게 아름다우니
미래는 더 찬란하리라
축하한다, 아들아! 딸아!

* 2015년 3월 22일 승환, 세미의 결혼을 축하하며 아비가 시를 짓다

詩가 사는 나무

숲길을 걷다가 무심코 바라본 고목
수령이 몇인지 알 길 없지만
뿌리 하나가 삶과 주검을 함께 안고 있었으니
젊은 가지는 왕성한 활동으로 생계를 짊어지고
늙은 가지는 아래로 휘어져
수많은 날짐승의 버팀목이 되고
삶의 빛바랜 가지엔 이끼가 뿌리를 내리고
작은 생물체의 보금자리가 되어 나눔을 실천하니
외면하지 않고 밀어내지 않고
서로를 품고 다독이는 모습이 아름다웠네
어려운 시기도 있었을 것이고
물 한 방울 없어 삶이 절박했을 때도 있었을 것이네
백 년도 못 사는 인생, 헬 수 없는 고락이 즐비한데
몇 세기를 걸쳐 삶을 이었으니 그 사연 얼마일까
젊고, 늙고, 고사한 가지
제각기 할 일을 다 하고 있었으니
산이 좋다고 오르기만 할 일은 아니었네
한 그루, 한 가지, 제 할 일 다 하며 숲을 이뤘으니
우리는 숲이 아름답다 말하네
우연히 바라본 고목
오호라!
시간이 빚어낸 시가 살고 있었네

빛이라는 이름

하늘에 대고 줄 서기 하는 생명들
조금이라도 더 눈에 띄게 하려는
돋음 발 몸짓들

공평한 해님의 배려가 아니었다면
미처 자라지 못한 작은 생명은
그 명을 달리했어야 옳은 일 아닌가.

낮은 생명을 위해
자신을 쪼개고,
부수고, 나누어서
어두운 숲 속까지 전하는 사랑의 빛

하찮은 생명까지도
살아있는 것들을 위하여
골고루 위하고 나누는 빛이라는 이름

산에는 이야기가 있다

후손이 돌보지 않는다는 이유로
묘지 주인의 허락 없이
밤나무는 뿌리를 내려 주인인 양 행세한다
땅을 기느라 햇빛 구경 못 한다고
담쟁이는 허락도 없이
나무의 바짓가랑이를 움켜쥐고 오르고
염치없는 뭇 생명들은
고목의 몸통에 집을 짓고 살면서도 되레 큰소리다
그래도 고목은 점잖게 웃는다

숲은 서로에게 피해만 주고 사는 듯 보여도
나눌 줄 알고 보듬을 줄 안다
그를 배우려 사람들은 산과 숲을 찾고
그래선지 산에는 산을 닮은 현자들이 많다
흔히들 건강 찾으려 산을 찾는다지만
나누고, 보듬고, 짚어줄 줄 아는 사랑
그걸 나누려고 숲이 부르기 때문이다

마음의 눈

잔뜩 찌푸린 하늘 아래 서있어도
세상이 밝게 보이고 사랑스러운 것은
마음이 밝아 눈에 비치는 세싱도
아름답게 보였던 까닭입니다

그저 세상에 내맡긴
부평초쯤의 떠도는 마음이라면
어둡고 칙칙한 일상에 시달리는
고행의 날일 것입니다

앞을 보니 세상은 그대로
변함없이 흐린 날이지만
한발 앞서 바라보니
기쁨이고 아름다운 것뿐이었습니다

탐욕의 눈은 현실을,
마음의 눈은 이상을,
서로 다르게 바라보고 있습니다
밝은 마음의 눈이 존재하는 신뢰의 세상은
바로 행복이 거주하며 사랑을 나누는 곳입니다

문자文字의 힘

인간이 가진 혜택 중에는
서로의 마음을 나눌 줄 알고
미래를 설계할 줄 아는 것입니다
그래서 덤으로 얻은 능력이 문자입니다

지구상에 유일하게 문자를 사용하는 동물,
사람의 문자는 이미 하늘을 정복하였고
문자로 인해 사람은 만물의 신神이 되었습니다
자칫 그 능력이 자신의 땅을 없앨 수 있습니다

고귀한 능력을 좋고 옳은 일에만 써야합니다
내가 아닌
이 땅의 모든 종種을 위해서 써야합니다

이 땅 위에 가장 축복받은 동물
우리 인간이기에 꼭 그렇게 해야만 합니다.

천관산 문학공원에서

그 옛날 배고팠던 농촌의 현실
떠난 자와 남은 자의 그리움처럼
아픈 듯 피어난 싱사화만 붉어라

소가 사람보다 많다는 곳, 장흥
이제는 돌아오라는 대덕읍민의 정성
오백여 기의 돌탑에 쌓여 지난날을 얘기하는데
미력한 지혜로 읽어보려 하지만
깊이 숨겨진 비밀을 헤아릴 수 없음이네

명사들의 시비詩碑 앞에서
상사화 같은 초라한 내 문장은
메마른 골짜기가 뿜어내는 미풍에도 흔들리는데

시인이여!
그윽한 묵향을 얻으려거든
하늘과 땅이 맞닿은 곳에서
바람과 물과 하나가 되어보라고 천관산은 말하네

조부모祖父母 벌초伐草를 하며

빛 좋은 초목의 푸르름도
키 재기를 거듭하던 왕성한 성장력도
계절 앞에선 어쩔 수 없는 퇴보뿐이다

조부모 벌초하러 오르는 산
높고 낮은 봉우리들의 반김이려니
흐리던 하늘에 햇살이 눈 부시다

시간이 멈추고 계절이 비켜가는 봉분 앞에서
기억에도 없는 잃어버렸던 조부모님의
이야기를 들을 수는 있을까

세상과의 이별이 빨랐던 탓에
존안 한 번 뵙지 못했지만
할아버지 할머니란 친근함에
안겨 재롱 피우고 싶은 맘

이순의 노을 속에서도
감출 수 없는 그리움이다

아직은 그리워할 때

보고 싶어서
그대 향한 불씨를 가슴에 담았지요.
감당키 어려운 홀로 뜨거운 가슴
참고 삭여 내기엔 나약한 인내심
물 한 모금으로 식히려 했어요

가까스로 찾아낸 샘터에서
물을 퍼 올려 가슴을 식히려 하지만
찢어진 가슴 내보이는 두레박엔
텅 빈 외로움만 그렁그렁

사랑해요, 사랑해요
하지만 지금은 아닌가 봐요
너덜해진 두레박 꿰매어 지고
물을 가득히 떠 올릴 수 있을 때
그때 내가 말할게요

사랑한다고
그리워했다고
이제는 내게로 와
내 사랑 되어달라고

三 寺 순례 길에서

낮 동안의 온갖 번뇌 비우라고
지금 창밖에 내리는 묵언수행의 빛
하기에 그것이 꼭 어둠일 것까지는 없겠지요
새벽길 달려서 삼사三寺를 돌고
비좁은 시간,
한 곳이라도 더 치성致誠을 드리려는
나약한 중생衆生들이 빌고 소원했던
쉼의 빛이기 때문입니다
저 잔잔히 내리는 어둠 속에
하나, 둘씩 밝혀지는 불빛들
그는 어쩌면 가족의 안위를 산사에 위탁하는
작은 소망에 대한 이룸의 꽃은 아닐는지요
가족을 염려하는 그 마음 받아드려질 것입니다
어미의 간절한 염원이니까요

바위와 이끼

항상 목마른 채로 고독한 바위에게
조심스레 손 내민 이끼의 구애로
바위와 이끼는 새 삶을 일구었다
무의미한 삶으로부터 푸르름으로
혼자를 용납하지 않는 세상에
둘의 만남은 행복한 것
삶의 가치를 부여하는 것이다
만남은 그래서 좋은 것이고
꼭 필요한 것이다
더하기와 빼기의 재미
그것은 너와 내가 하나 되어
같은 꿈꿀 때 가능하기 때문이다
이끼를 만난 바위엔 새 삶이 꿈틀거렸다

꽃길에서 부르는 사랑의 노래

별빛 무리가 내 심연의 창을 두드리면
흔들거리는 네온의 거리로 나 걸어가려네
무거운 껍데기 훌훌 벗어놓고
그대 계실 만한 네온의 거리에서
사랑의 세레나데를 서툴게 연주하고 싶네
북촌역*을 흐르는 색소폰의 음률
이유도 없이 그리움 몰려오는 거리에서
그대 귓가에 살포시 내려앉는
사랑 詩 한 편 들려주고픈 맘
시인은 꼭일 것처럼 펜을 들었네

그대여! 받아주오
내 마음 수놓은 사랑 詩 한 편을

* 북촌역: 하동군 북촌면의 작은 간이역
가을엔 코스모스가 네온처럼 일품이다

흔적

꽃씨와 물의 만남에서
둘은 안간힘으로 하나 되기를 원했다

'함께'라는 것도 그 머물음은 잠시
끝내는 사위어갈 뿐이지만

인연이란 그런 것이라서
서로의 부족함을 해소한 하나의 빛을 남겼다

화초는 연자의 싱싱한 웃음처럼
푸르른 추억을 빛으로 키우고 있다

문우의 영전에 드리는 글

한 생명의 오고 감이
초로草露의 허무라고 했던가요
우리의 만남 또한 그러하였습니다
찰나의 지나침이지만
그 관계는 아름다워 글벗이 되었습니다
짧은 만남 속에 묵향을 섞었으니
그 우정은 글로 남아 천년을 흐를 것입니다
욕심이라고 내세운 것이
남의 피눈물 뽑는 일도 아니요
좋은 시 한 편 남기는 일이었으니
생전에 다하지 못했던 꿈일지라도
그 빛남이 어찌 보석에 비유하리까
그 아름다움을 어찌 꽃에 비유합니까
비록 몸은 떠나 세계를 달리해도
임의 글이 이 땅에 남아
그 모습과 명성을 대신하리니
어찌 이별이라 말하리요
편히 가소서,
향, 초 불 붙여 가는 길 밝히나이다

* 문우 박성희 시인의 영전에 드린 글

친구들을 만났던 날

가을 산이 손짓하는 충북 괴산, 화양구곡
차에서 내린 내 어깨를 툭!,
돌아보니, '반갑다' 손 내미는 옛적 꿈 동무들
어깨를 두드리고 얼굴을 쓰다듬고
그 반김이 예사롭지 않았네
술잔이 우정의 입을 맞추자 하네
너와 내가 취하고 산도, 물도, 바람도 취했었네
어느새 우리도 산을 닮아 가는가
친구들 머리 위에 한 평씩 늘어가는 억새밭
'변하지 않고 살 수 없냐?'는 물음에
책임도 못 지는 산바람은 입술만 훔쳐대고
윤회를 거듭하는 계곡물은
즈믄* 노래로 시간만 물어 나르는데
뾰족돌 모가 사라진 채 둥글둥글 웃고만 있으니
답은 구할 길이 없었네
시간은 해를 쫓아 서산 뒤에 숨겨두고
밤을 재촉하여 별을 불러오고 있었네

* 즈믄 = 우리의 옛 말로 千을 뜻함

산속 작은 음악회

의성군 옥산면 실업2리 220번지
귀농, 귀촌의 현장
땅을 가꾸고 사랑하며 지키고 싶은
팔도의 꿈들이 모여든 자리

땅이 가슴을 열었다
신성한 기운이 가슴에 스며들어 농심이 되었다
나는 지키지 못해 떠나온 농촌인데
이렇게 지키고 있다고
저들은 자랑스레 가슴을 내민다

한낮이 눈을 감고 쉼을 청하는 밤
귀농의 꿈들이 노래를 한다
이미 땅이 돼 버린 농심이 춤을 춘다
그렇게 산골은 하늘을 연다

하늘 가득 반짝이는 눈들
산도, 나무도, 풀벌레도, 바람도,
산골은 마침내 귀를 열고 음악에 취한다
타닥타닥 모닥불의 박수 소리
우리가 흔들리며 깊어가는 음악회

- 의성군 의찻사 모임에서 -

왜곡된 사랑

사랑이란 본디 나의 부족한 1프로이며
당한 아픔을 딛고 오뚝이처럼 일어나
부족함을 메우려는 도구이며 수단인 것을

죽고도 못 살 것처럼 몸부림치고
서슴없이 내뱉는 영원이라는 단어는
상대를 채우고 묶어두기 위한 쇠사슬이었다

대상이 사라지고 그처럼 빛나던 맹세도
시간이 흐르면 잊힌다는 핑계를 만들고
내 탓이 아닌 네 탓으로 자신을 정당화한다

대상이 주어졌을 때 서로를 묶는
눈에 보이지 않는 엮임의 도구
그것이 사랑이라고 많이 지나간 시간들이 말했다

기도

지나간 모든 행위로 인해
죄지음 아닌 것이 없으니
오로지 뉘우치고, 깨달으며
사람다운 사람으로 거듭나기를

나로 인해 피해보는 이가 없기를
나로 인해 피해 입은 모두가
상처를 씻고 행복하기를

날마다 자신을 돌아보며 잘못을 고치고
내 행복이 세상에서 옴을 깨달아
항상 세상 모든 인연에 감사하는 마음이기를

우정

혼자인 게 두려워서
손짓해 부른 것이 만남입니다.
함께 걸어오는 동안
서먹하게 쌓아갔던 철옹성도
거기서 뿜어져 나오던 냉기도
어느 한 순간 틀에 갇혀 소멸 되었습니다
그 틀에 닿으면 소멸해 버리는 이유는
사귀어 온 내내 알아버린 마음 때문입니다
그와 나 사이에 높게 가로막힌 남남이라는 벽,
그것이 사라진 이유입니다

과제

젊은 부부가 아이 손을 잡고 오르는 지하철

곧 내린다며 좌석을 아이에게 내주는 중년의 남자
아이는 아빠에게 양보하고, 아빠는 아내에게 양보하고,
셋은 '우리 그냥 서있자' 하고
그 자리엔 노인이 앉았습니다

엄마와 아빠와 아이가 즐겁고
바라보는 중년도 즐겁습니다
저 아이가 자라는 우리의 밝은 앞날
미래의 조국은 더 아름다울 것이기 때문입니다

아끼고 베풀며, 서로 사랑하는 사회,
조그만 일도 감사하며 웃을 수 있는 사회,
어른을 공경하고 나보다는 너를 추켜세우는 사회,
개인의 이익보다 사회의 이익을 중시하는 사회,
그런 세상을 만들고 가르치는 이는 어른입니다

티 없이 맑고 곱게 자라는 아이의 웃음
아름다움만 보며 살도록 지켜야하는 우리의 사명
물질문명 앞에서 물욕에만 끌려가는
기성세대가 풀어 가야할 과제는 멀기만 합니다

책과 만나다

책 한 권이 떨어져있다
지나치는 나를 붙잡고 공부 좀 하란다
무식하다고 아무 데서나 가르치려한다
누구의 지혜인지 모를 가르침
손을 내미는 내 팔에 찰싹 달라붙는 녀석
땅바닥에 뒹굴어도 그는 빛이었다
땅바닥에 뒹굴어도 그는 보석이었고
먼지를 뒤집어썼어도 위엄이었다
버려져 있어도 보석은 보석
어떤 이의 심혈을 먹고 자란 이유일 거다
어떤 이의 두뇌를 탈출한 찬란한 영혼이기에
버려져있어도 그는 쓰레기가 아니었다

연꽃을 보며

세상사로 인한 광풍이
심중에 파문을 일으켜도
그대여! 동요하지 마라
그 파문은 일시적일 뿐
그대의 뿌리까지 흔들지는 못한다
수면의 흔들림이야 어찌 없을 것인가
연잎 띄워진 연못 속을 들여다보라
마음의 중심을 뿌리에 두었기로
찰나의 흔들림에도 고요할 수 있는 것
성인聖人이 좋아한 이유였을지도 모를
저 고요함

시詩라 부르는 것은

시인의 언어는
아침 이슬처럼
영롱하게 빛나는 보석과 같아야한다

남 위에 서지도 않아야 할 것이요
스스로 잘나지도 말 것이며
초라해서도 안 될 것이다

오직 깨우침이 글로 태어나
감동의 빛으로 세상을 밝혀야 함은
시인의 아름다운 의무이기 때문이다

세상과 교류하는
시인의 철학이기 때문이다

그런 시를 쓰고 싶지만 흉내만 내고 있는
나와 내 시는 언제쯤 시라고 불리려나

쓸모없는 관심

400만 시민을 유혹하는 도심
부산 서면 만물노점상
그곳을 기웃거리다
키우지도 않은 개 목걸이를 샀다
한참을 들고 다니다가
무겁고 귀찮아서
목에 걸었다
오는 사람 가는 사람 귀엣말이 무척 많아졌다
그렇거나 말거나
한참을 그렇게 다니다가 제정신이 들어
개 목걸이를 쓰레기통에 버렸다
참 하릴없이 돈만 내버린 날이다
사람들은 또 쑤군쑤군
나만 모르는 대화법으로 귀를 공격한다
그렇거나 말거나

제4부
봄비 속을 걷던 날

봄비 속을 걷던 날

우산 하나에
동행의 발소리는 둘
뚜벅뚜벅, 또닥또닥

우산을 펼쳐들며 시작된 동행
그리고
어깨쯤에 느꼈던 다정스런 귀엣말

나, 봄꽃 만나고 왔다

수줍은 봄바람
꽃잎 하나 던지고 간다.

도심의 참새가 되다

지하철을 내려서 찾아간 곳
으레 그래야 할 것처럼
보도블록 끝 선을 타고 늘어서서
휴대폰 문자를 찍고
옆 동료와 수다를 떨고
더러는 옷매무새를 고치고
수많은 재잘거림이 머무는 그곳
얼떨결에 나는 도심의 참새가 되었었지
분명 보았어!
한 줄로 나란히 선
도심의 참새 같은 내 모습

지렁이 걸음

봄비 지나간 자리
촉촉한 습기가 산책하기 딱 좋아
한 시간도 못되어 다녀올 길을
한껏 여유를 부려 세 시간이나 걸었다
평소엔 보이지 않고 느끼지 못한 것이
새롭게 다가와 반갑게 인사한다
나무도, 바위도, 바람도, 거기 생명들도
허덕이며 사는 동안
듣도 보도 못 한 것들
지렁이 걸음으로 걸어보니
일생, 평방미터도 못 벗어나는
지렁이의 삶에도 곁들여있을 지극한 여유
행복이란 것을 알 것도 같았다

속리산 법주사의 풍경 소리

고적한 산사
무슨 이유 때문이었을까
흐느끼며 처마 끝 지나던 바람

성인聖人의 법력이 그 걸음을 붙잡고
세상사 밝게 사는 지혜를 일러주니

산사의 처마 끝에 둥지를 튼 바람
어둡던 가슴을 씻었는가

세상 향해 가는 청량한 찬불 소리
내 귓가에 앉아 부처의 미소 짓네

산속의 아침

산이 좋아 찾아온 이곳에
새들의 합창으로 아침이 열리고
골짜기 물은 여행 떠나느라 요란하다
아름드리 느티나무의 인사에
'네가 밤새 산을 지켰다' 했더니
골짜기에 놀던 바람도,
천년 세월을 품고 있는 바위도,
산새와 다람쥐도, 못마땅한 듯 바라보며
모두가 힘을 모아 지켰다 하네
세상 외롭다며 쓸쓸해 할 일도 아니었네
산천을 거니는 것이 나 홀로가 아니었으니

물과, 바람과, 산새와 다람쥐, 거기 낙엽까지도
함께 산책길 따라나서고 있었네

문학이 가지는 의미

당신의 두뇌 안에 간직한 아름다움을
곱게 옮겨와 종이 위에 빚어낸 걸작
그 위대한 창조주가 바로 당신입니다

빛과 희망은 서로가 다른 단어이지만
밝음을 상징하는 공통점이 있습니다.
문학은 그런 밝음의 힘입니다

사랑이 있으니까요
세상을 가꾸려는 사랑
꿈과 용기, 믿음을 안겨주는 사랑

문학은 행위 자체가 빛이고
지향하는 모두가 희망입니다.
척박한 세상, 아직도 살 만한 것은
문학이 있기 때문입니다

신선놀음에 도끼자루 썩는다

몸이 무너지고 중심을 잃어가니
당황한 두뇌가 명령을 내린다
더 이상은 무리이니 조금 쉬었다 하라고
당연한 것처럼 억지스런 휴가를 만들었다
때로의 즐거움 뒤에 사라져 가는 것들
자신감도 의욕도 부패하여 냄새가 나고
사용처 사라진 쓸 만한 근육들이 말썽을 부린다
팔자에 없는 글쟁이 노릇
축에도 끼지 못할 시어의 남발로 지식인 노릇이다
사회가 떠받드는 시인이란다
신선놀음은 바로 그런 것이었다
어느 땐가 모르게 삶의 본바탕은 썩어 내리고 있었다
송충이는 솔잎을 먹으라던가?
먹물을 먹고 있으니 속이 시커멀 수밖에

독서

동인으로부터 받은 한 권의 시집
거친 내손이 싫은지 빳빳한 날을 세운 채
좀처럼 속을 내보이지 않는다.

그래도 어쩔 수 없다
입술을 동원한 엄지와 검지의 군히기 작전
이미 너는 그분의 손을 떠난 분명 내 것
질퍽한 타액에 마취를 당했을까
빳빳한 몸에 긴장을 푼 페이지마다
시인의 아름다운 언어들이 그제야 쏟아진다.

퇴근길 복잡한 지하철 내부
우리의 야릇한 관계를 바라보는 시선들
그래도 어쩔 수 없다
이미 연인이 된 우리 사이

성두포구의 아침

어선의 엔진 소리가 포구를 깨우는데
깜박깜박, 조금만 더 자자고 보채는 포구에
간밤, 적막함에 긴 시간 몸서리친 탓인가
동산은 서둘러 아침을 부르고 있다
어선과 배와 갈매기가 하모니를 이루는 포구
풍요를 가득 담은 그물주머니 하나 내려지자
아낙들의 앉은뱅이 춤사위가 절정에 이른다
빗간리, 하대리, 금오도, 연도가
해님과 나누는 첫인사로 입김을 만들고
물때 좋다며 풍성한 조과를 기대하는 갯바위 낚시꾼들
채찍을 휘두르며 바다를 향해 고기를 달라하는데
억만년 고령의 사암 바위는 누런 이빨 드러내고 웃다가
강태공의 성난 눈동자를 의식이나 했을까
낚시 끝에 슬그머니 문어 한 마리 매달아 건넨다
간~밤 즐겼던 손맛도 황송한데
매운탕 향으로 유혹하는 포구에
형제들의 손짓이 정겹다

득량만을 딛고선 창가에서

장흥군 안양면, 수문리,
바다를 딛고 선 언덕 위 호텔 창가에서
시인들은 달려오는 새벽 바다를 맞는다.

먹이사슬의 구조를 완성하고 돌아오는
어선들의 목소리에 포구가 깨어나고
밤새 어둠 속에서 숨죽이던 시심으로
사색의 집단이 시끄럽다
일부는 여명을 향해 바람 위를 거닐고
서서히 전개되는 득량만의 이야기책을 보며
시심의 눈이 튀어 나가고
미친 언어들이 소리 지르며 바다로 내달린다
쓸모없는 모든 것들에서 갇혀있는
길들여지지 않는 내면의 사색들이
마디마디 떨어져 달려나가 해방을 선언한다.

내가 살아갈 곳은 저 넓은 물밭
어부의 땀과 눈물과 문학이 숨 쉬는
득량만 정남진 장흥이라고

자랑스러운 거짓말

뒤늦게 배우는 거짓말의 매력에 빠져
꿈꾸는 중년의 시어 바다
상상은 날로 허물을 벋고 새로워진다

나이 들어 쏟아내는 거짓이라
부끄러워야 할 일이
내게는 왜 자랑스러울까
사람들은 거짓말에 환호하고
아름다운 거짓말에 현혹된 삶은
조건 없는 풍요로움이기 때문이다

내 거짓의 바다는 계속 새로워질 것이다
독자의 완벽한 감동을 얻어낼 때까지
남은 생 쓰고 또 쓰는데 바쳐질 것이다

일기日記

하얗게 비워진 공간
생각을 그려보라는 선들의 꼬드김
풀벌레의 선율을 타고 넘나드는 펜 끝에
이제 곧 잊어야 할 오늘이라는 얼굴
섬세한 스케치와
화려한 채색의 명화가 아니래도
하루의 끝에서 그려내는 그림 하나
희로애락의 모습이
나름대로 멋스러운 나의 자화상

가을 산

넘치는 힘
주체 못 하는 가을 산
봉긋한 가슴,
내밀한 골짜기를 가리운
울긋불긋 망사 옷
세상을 유혹하고
찾아드는 모두를 품에 안는다
그렇게 스스로 창녀가 된다
그런데도 세상은 손가락질은커녕
스스로 사랑의 포로가 되어
환희의 몸살을 한다

그리움

보고 싶다, 보고 싶다며
발길은 그대를 찾아갑니다

보고 싶다, 보고 싶다며
손끝은 그대를 찾아 허우적입니다

심장은 날마다 사모곡을 부르고
마주할 수 없는 그대를 찾아가지만

아!
어쩌면 좋아요
늘 그대는 명상 속에서만 숨어 사네요

제5부
꿈으로 가는 길

꿈으로 가는 길

하늘빛이 너무도 곱구나.
어서 오라고
손짓하는 하늘이 큰 문을 활짝 열고
태극 무늬 선명한 지구 소식을 맞이한다.
얼마를 기다렸나
애가 타서 그을린 속이 얼마나 까만 것이냐
들었느냐 저 우람한 외침 소리를
전 세계를 향한 우리 힘의 소리를
오!
터질 듯 심장이 뛰고 혈맥이 뒤집힌다.
주먹이 쥐어지고 호흡이 가쁘구나.
떴다!
해내었다!
우리의 기술, 우리 두뇌의 힘
우주를 향한 무한의 꿈들이 함께 떠오른다.
우주의 자주를 선언한 오늘
가자! 한국의 젊은 꿈이여
나로호와 함께 그동안 가지지 못했던
우리 몫의 날개를 찾아서

* 2009년 8월 25일 오후 5시 59분 58초 나로호 첫 발사는 한쪽 덮개가 열리지 않아 실패했다. 우리 기술로 만든 나로호가 2번의 발사실패 속에서 드디어 2013년 1월 30일 오후4시 발사에 성공했다.

애국가

태극기가 펼쳐지고 애국가가 울려 퍼지면
나도 모르게 가슴이 뭉클해지고 눈물이 고인다

동족상잔의 비극이 끝난 전후세대라서
빈민의 굶주림과 설움을 먹고 자랐으며
개인소득 이만 불이 넘는다는 이 시대에서도
그 절반도 못 되는 소득으로 만족하며 살아야 하기에
조국이 끔찍이 나를 사랑해준 것도 아니고
조국이 못 잊을 큰 은혜를 내게 베풀어서도 아니다
윗대의 머~언 그 윗대 윗대로부터 간직해왔던
이 땅의 숨결과 노래가 내 가슴의 살점을 만들고
세상을 향해 뜨겁게 솟구쳤던 대를 이어온 혼의 승계
그것이 오늘의 나를 키워준 까닭이며
온 정신을 겹겹이 감싸고 있는 핏줄이
조국이라는 그 이름 하나로 역동하는 때문이다
세상에서 단 하나뿐인
조국이란 이름으로 부르는 노래인 까닭이다

하나의 몸에서 태어난 너와 나
각자의 생활환경이 달라 생각은 다를지라도
궁극에 다다라서는 하나일 수밖에 없으니
너의 잘남을 탓할 수 없고

내 흉허물을 물고 뜯을 일도 아닌데
기왕이면 네가 살고 내가 사는 긍정적 마음으로
머리를 맞대고 산다면 누가 손가락질할 것인가
네가 하는 얘기 나를 살리는 약이라면
싫다고 뿌리칠 일이 뭐란 말인가
내가 한 입 더 먹어서 네가 배고프다면
그것이 진정 즐거울 일인가
걸어온 길이 다른 각각의 지도층들이
각자의 허황된 이상향의 논리에서 깨어나
서로 가고자하는 방향이 달라도 관심으로 바라보며
좋은 곳을 찾아줄 줄 아는 성숙한 너와 나이기를

너와 나의 구분 지음이
너는 사라지고 나만 남아있다
대가족이 사라지고 핵분열 된 지금
부모세대가 지나면 일가는 남이 되고 만다
한민족이 사라지고 다민족국가가 되었다

애국가도 그 강렬한 울림이 희미해져간다
태극기는 비바람 속에서 날밤을 지새운다
한울타리에 모여 태극기를 보며 만세를 부르던
그날로 돌아갈 수는 없는 걸까
나를 배불리기 위해서 너를 받아드리기는 어려운 현실

너 없는 나만을 위한 풍요가 과연 오래갈 수 있을까

태극기가 들려주는 슬픈 이야기
세월의 흐름만큼 비워진 가슴이 부르는 노래
되돌릴 수 없기에 더 안아보고 싶은 싸리 울타리의 노래
"동해물과 백두산이 마르고 닳도록…….
대한사람 대한으로 길이 보전하세"
소외 되는 백발들의 한숨과 외로움은
그의 심상이 전위된 가슴이 흘리는 눈물일 거다
세찬 바람 앞에서 흔드는 손짓은 강렬하지만
바라보는 내 가슴은 철렁 내려만 앉는다
우려라고 믿으면서도
잘될 거라고 믿으면서도
제 목소리 잃어가는 태극기의 노래가
내 여린 가슴에 눈물을 불러 모으고 있다

유월이면

유월이면,
유월이 오면
포화 속에 내어난 귀촉도
목청마저 쉬어빠진
핏발 선 노래가 산천에 넘친다

자식이, 부모가
친구와 형제가 왜 싸웠는지
왜 죽였는지도 모를 유월
물음표만 가득 포연 속을 뒹굴던 전쟁

하얗게 비워진
아우성의 일평생
포화는 녹슨 지 오래인데
아직도 다독여주지 못한
귀촉도의 한

바다여 말해다오

왜냐? 왜이더냐?
전 국민의 기도가 하늘을 울리고 땅을 울렸다
바닷속이라고 못 들을 까닭 없건만
너희는 말이 없고, 무심한 파도만 아우성이다
살아서 귀환하라는 조국의 엄명도 무시하고
말 못 할 사연이 무엇이기에 굳게 입 다문 채
싸늘한 이별의 눈물로 돌아와야 했느냐
38명 전우를 돌려보내고
남은 8명은 어디서 무엇을 하는가
1,300톤 해군 천안함 772호
104명의 승무원이 생과 사로 나뉘었는데
생존자 58명도, 실종자 46명까지도 아무 말이 없구나
2010년 3월 26일 오후 9시 20분
백령도 서남쪽 1마일 해상에 과연 무슨 일이 있었느냐
말해보렴,
거대한 철선이 썩은 나무토막이 된 사연을
말해보렴, 조국의 복귀명령까지도 거부해야 했던 까닭을
부르느라, 부르느라 목이 메는데
저 바다는 무심히 바라만 보네
또 한 번의 동족상잔을 들먹이기 두려운 까닭이더냐

* 2010년 3월 26일 오후 9시 20분
백령도 서남쪽 1마일 해상에서 천안함 폭침당하다

그날을 추모하며

보아라!
오늘도 수많은 그리움들이
알알이 떨어져 땅속에 묻힌다
그런데도 '임은 사라졌다' 말하겠느냐?
이렇게 씨앗들이 심어지고 있는데
지금 사라질지라도 때가 되면 움트리라
오랜 잠 깨고 솟아올라 노래하리라
그리운 이여!
그리운 이여!
훨훨 비움을 사랑한 이여!
하필이면 부엉이 바위를 사랑한 이여!

무너진 성벽

무너진 성벽,
사연은 세월에 묻혀 빛을 잃었어도
국토 사수로 흘렸던 피는 오늘을 이었네
아는가!
흙 한 줌, 하나의 생명체도 나의 전신이라는 걸
우리는 기억해야한다 그날의 함성들을
민, 관, 군, 하나 되었던 조국수호의 절규를
그것은 내 조국의 이름이요
그것은 나라 사랑의 근거였다는 걸
그것이 이 땅에 우리가 태어난 이유이고
그것이 우리가 이 땅에 서있는 이유라는 걸
보라, 겉으로 용서와 화합을 외치면서도
옛 만행을 자랑스럽게 내세우는 저 일본을
아직도 틈만 나면 독도는 자기네 땅이라고 우기는
망언을 일삼는 저들이 좋다고
물욕에 코 꿰어 떠받드는 사람들은
어느 하늘 아래 피를 받고 정신을 받은 사람들인가
알아야 한다! 통한의 피눈물로 잠들었을 영혼들을
깨달아야한다!
아직도 어둠 속에 잠들어 있는 역사의 숨결들이
우리에게 광명을 염원한다는 것을
일제 36년 식민통치, 그것은 임진년의 교훈을 잃고
안일하게 대처한 조상들의 아둔함 때문이었다는 것을

빛 번짐의 백 년

황해도 해주 땅
앞날의 어둠을 예견이라도 했을까
홀연히 빛 하나 세상에 왔으니

조국이 암흑으로 뒤덮인 날
두만강 오가며 선봉先鋒을 밝히는
그의 손끝에서 빛은 번져갔더라

그 빛이 가리키는 곳 적의 심장이라
하얼빈아! 그의 목소리 기억하는가.
조국이여! 임의 목소리 아직도 들려오는가.

여순 감옥, 대한독립의 염원 핏빛에 새겼으니
일백 년 조국의 번영이 그에 뿌리내렸음이라네.
뉘라서 그 이름 잊을 것인가
조국의 연인, 오, 안중근 의사!

잊지 말아라 어떻게 조국이 지금에 이르렀는지
잊지 말아라 얼마나 많은 피로 건져낸 조국인지

솔바람 소리

툭! 솔바람이 솔방울 하나 던지며 말을 건넨다.

여보게, 이 흙이 붉은 이유를 알겠나?
지키지 못하고 짓밟혀야하는 처절함이
한 맺힌 응어리 되어 남겨진
선열들의 피 흘림 때문이라네.
혹독한 추위 속에서도 생명은 솟구치니
이름조차도 없는 잡초이지만
나라 위해 몸 바친 민초들의 넋이라 하게
그들의 나라 사랑이 있었음에 오늘이 주어졌고
그들의 결연한 의지가 있었음에 현재가 있으며
그들의 육신을 바친 대가로 미래가 살아있음을
푸르른 강산에 돌 하나, 흙 한 줌, 나무 하나,
심지어 햇빛과 바람까지도
그들의 피와 혼이 깃들어 있음을
그런 까닭에, 내 몸처럼 아껴야 하고
그런 까닭에, 보다 강하게 잘 살아야 한다는 걸,
이 땅은 지켜보고 있을 것이네
자신들의 주검이 헛되지 않았기를

정신을 차려보니 인생문 앞이라
임진년의 참혹함에 솜털이 날을 세우네

대한민국 1호 노벨 평화상

원수를 사랑하라 했던가요?
맞서는 당신으로 인해 자신들의 권좌가 위태로워
몇 번인가 사자死者걸음 걷게 하던
그들의 덫에서 거머쥔 생사여탈권
그래도 당신은 화해와 용서를 가르치셨지요!
복수의 칼날보다는 화해를 선택하셨습니다!
참 아픈 당신은 끝까지 평화를 사랑했습니다!

당신의 삶이 희생이었습니다
앞선 이들의 오류로 망쳐놓은 국가 경제를
앉아서 하던 정치에서 발로 뛰는 정치로 바꾸며
4년이라는 짧은 기간에 복구하셨으니
IMF의 굴욕 지배에서 조국을 해방시킨 그 공적이 큽니다
하지만 그들은 말했습니다, 좌익대통령이라고
통일을 외치던 그들의 말은 장식품이었을까요

좌라고 불리던 당신의 일생이 아픔이었습니다
우가 세 배나 더 많은 이 땅에서 대통령이 되신 당신
편 가르기 좋아하는 저들에게 무슨 죽을 죄를 지었기에
좌익이란 이름표를 붙여놓고 끝까지 괴롭혔던 걸까요?
영면에 드신 임 이제라도 편히 쉴 수 있으면 좋겠습니다
대한민국 1호 노벨 평화상, 당신을 존경합니다

땅콩회항

밟지 마라
밟히는 모든 것은 아프다

어쩌다 전혀 예기치 못한 실수로 밟게 되었다면
실수라며 우물쭈물 넘기려 하지 마라
일으켜 세우고 다독이며 상처가 아물게 함께 아파하라

힘과 권력 재력가라 할지라도
상대의 할큄으로 인한 상처는 쓰라린 법
아픔은 분노를 낳고 좌절을 안기는 법

어떠한 정당함을 내세우더라도 밟지는 마라
그는 아파할 것이고
아프다 못해 용트림하며
당신에게 보복을 하려할 것이다

그로인한 피차의 몰락을 생각한다면
밟지 마라 참고 다독여라

시작메모

▌제1부: 막연부지漠然不知

무겁다며 벗어던진 짐들로부터 해방되면서 아무것도 이루지 못하고 거둔 것도 없이 텅 빈 모래 벌판에 홀로 서있음을 그제야 알아야하는 어리석음이다. 딴엔 잘 살아왔다고 생각해 보지만 내다보이는 것은 뿌연 안갯속이다. 가끔, 아주 가끔 안갯속에서 길을 잃을 때면 '나는 잘 살아 왔는데'라고 되뇌며 부정의 고갯짓으로 어둠에 대항하기도 한다. 물론 터무니없지만 말이다.

삶이 결코 만만치 않아도 스스로를 무너뜨리지는 말아야 한다. 하늘에 떠있는 구름도 서럽다고 한바탕 비를 뿌리고 나면 그 존재마저 사라지듯 내 자신 마음 내키는 대로 모든 일을 처리하고 만다면 버려지는 것은 스스로인 내가 된다는 맥락이다

▌제2부: 이정표 앞에 서다

한적한 시골 마을 입구에 다다르면 당산나무가 길손을 반긴다.

당산나무 아래엔 으레 쉼터가 있고 동네 명이 새겨진 비석이 있다. 여기엔 남녀노소가 모여 이야기꽃을 피우고 잠시 쉬어가려는 길손에겐 그런저런 세상 이야기를 어깨너머 들을 수 있는 곳이다. 그것은 살아온 어제의 이야기이고 살아갈 내일의 이야기다. 걸쭉한 입담들이 오가는 고목들의 이야기는 남은 길 걸어갈 길손의 이정표가 된다.

활짝 열려있는 길이라 생각했기에 생각 없이 걸어온 길, 먹고 살기 바쁘다고 앞만 보며 걸어왔기에 내가 어떻게 걷고 있는지 알 길이 없었다. 인생 제2길이라는 이정표 앞에 다다라서야 되돌

아보는 어리석음이다. 다만 나 아닌 다른 이들은 옳은 길 가기를 바라며 초라한 이정표를 세워보는 것이다.

▌제3부: 바람이 만드는 땅

바람이 불고 그로써 전혀 예상치 못할 일들에 직면하게 될 때가 있다. 세상을 요동치게 하는 변화무쌍한 행보에 관심을 기울이지 않을 수 없는 것은 우리네의 삶이 그렇기 때문이다. 바람은 형체가 없다. 왔다가 사라지면 그만인 것이 바람이다. 그런 그가 땅을 가지려는 것은 무엇을 바라고 소유하기 위해서는 아니다. 세상의 이치라는 게 그렇듯, 언제 사라질지 모를 그가 자신만의 땅을 만들려는 것은 삶의 여정에서 옮겨온 꽃씨를 위해서다. 자신의 행위로 인해 저질러진 어떤 결과 때문이다. 그르든 옳든 그로 인한 책임을 외면할 수는 없기 때문이다.

이제 자신이 사라진 자리엔 새로운 바람이 불고 앞선 바람이 그랬듯 그도 자신들만의 땅을 만들 것이다. 새로운 봄을 받아드리기 위한 새 땅을 만들기 위해 그들만의 발돋움을 할 것이다. 그것이 바람이 자신만의 땅을 가지려는 이유다.

▌제4부: 봄비 속을 걷던 날

어느 위험을 순간 넘어온 것이 기적일까? 아니면 시간이 흐르고 나면 아픔 따위는 저절로 잊히는 걸까. 이제는 아픔도, 외로움도, 쓸쓸함도, 모두 토닥이는 빗물로 사라지고 여유로움만 즐기는 자세로 다가선 오늘이다. 오랜만에 찾아온 느긋함 앞에서 '그래, 이것이 사는 것이다, 이것이 행복이다.' 나의 이런 행복이 타인에게도 전염되어 아픔도, 쓸쓸함도, 외로움도 모두 털털 햇빛에 말리는 계기가 되었으면 좋겠다.

▌제5부: 꿈으로 가는 길

밟고 있으면서도, 누리고 살면서도, 내 나라가 얼마나 소중한지 잊고 산다. 나를 낳아주고, 나를 키워준 내 나라, 내 땅에서 걱정 없이 살면서도 내 나라를 욕하고 폄하한다. 세계화에 밀려서 충성도는 땅에 떨어지고 1등 우월주의에 빠져 민족성은 먼 나라 이야기 된지 오래다. 가진 자는 해외에 집을 가지고 못가진 자는 가진 자에게 해외로 빼돌릴 자금 대기에 바쁘다. 어쩌다 행사장에서 애국가를 부를 때면 가슴 뭉클해지는 이유가 된다. 눈물이 나는 이유가 된다. 사람이든, 식물이든 뿌리의 소중함을 잃는다는 것은 나를 버리는 일 아닌가. 온 국민이 제발 뿌리의 소중함을 아는 내가 되기를 바라는 마음이다.

바람이 만드는 땅
정광일 제5시집

인쇄일: 2015년 8월 8일
발행일: 2015년 8월 11일

지은이: 정광일
펴낸이: 최경식
펴낸곳: 도서출판 청옥문학사
인쇄처: 세종문화사

등록번호 제10-11-05호
전화: 051-517-6068
E-mail: kyu500@hanmail.net

ISBN 978-89-97805-327-03810

값 10,000원